LO
FTS

H KLICZKOWSKI

Idea y concepto: **Paco Asensio y Hugo Kliczkowski**

Edición: **Susana González**

Dirección de arte: **Mireia Casanovas Soley**

Diseño gráfico: **Emma Termes Parera**

Maquetación: **Soti Mas-Bagà**

Copyright para la edición internacional:
© H Kliczkowski-Onlybook, S.L.
La Fundición, 15. Polígono Industrial Santa Ana
28529 Rivas-Vaciamadrid. Madrid
Tel.: +34 91 666 50 01
Fax: +34 91 301 26 83
onlybook@onlybook.com
www.onlybook.com

ISBN: 84.96137-43-0
D.L.: B-24.625-2003

Proyecto editorial

LOFT Publications
Via Laietana, 32 4º Of. 92
08003 Barcelona. Spain
Tel.: 0034 932 688 088
Fax: 0034 932 687 073
e-mail: loft@loftpublications.com
www.loftpublications.com

Impreso en: Rotocayfo - Quebecor - España

Mayo 2003

Vivir en un loft representa una de las principales tendencias del desarrollo urbano desde mediados del siglo pasado, ya que ha significado un cambio de dirección en la migración hacia zonas suburbanas, el resurgir del centro de la ciudad y, por encima de todo, el nacimiento de una nueva conciencia urbana: los habitantes de un loft defienden el pasado arquitectónico de la ciudad incorporado, junto al arte, a la vida cotidiana.

Inicialmente, el término loft designaba un espacio abierto y diáfano ubicado en edificios industriales y almacenes en desuso. Esta palabra de origen inglés también describía un desván, un ático o la planta superior de una fábrica. Actualmente, el concepto de loft se aplica a un espacio rehabilitado de gran extensión que conserva su aire fabril y cuya arquitectura industrial asimila usos domésticos.

Pero no sólo se trata de definir una mera intervención arquitectónica, también describe un nuevo estilo de vida de los usuarios. Los primeros habitantes de lofts

fueron estudiantes y artistas de bajo poder adquisitivo y gran necesidad espacial. Convertidos en activistas defensores de una arquitectura declarada obsoleta por el sector industrial, pronto representaron un estilo de vida en el que el arte formaba parte de lo cotidiano. La gran aceptación de esta nueva forma de vida hizo que los lofts ganaran adeptos poco a poco hasta el punto de producirse un inversión en los términos: en la actualidad, vivir en un loft es símbolo de prestigio y de disponibilidad económica. Arquitectos, artistas, diseñadores, interioristas, escritores, fotógrafos han unido en un mismo espacio su lugar de trabajo y su vivienda, lo que concede a los lofts una nueva dimensión.

Este volumen presenta un abanico de 16 proyectos de espacios reciclados, ya sean fábricas o almacenes en desuso, en los que se ha acometido la reforma bajo distintos prismas estéticos y que muestran la variedad de materiales y volúmenes que pueden conformar este nuevo tipo de viviendas y de espacios de trabajo.

Casa Flex

Arquitectos: Archikubik   *Localización:* Barcelona, España   *Fotógrafo:* Eugeni Pons

El proyecto se concibió como un espacio que puede replantearse según la actividad que los usuarios vayan a desarrollar

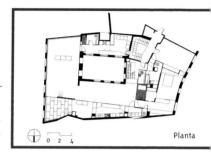

Planta

Este loft era un gran espacio que ofrecía una gran diversidad de opciones para su reforma. Los arquitectos, que partieron de la liberación del espacio, multiplicaron estas condiciones y crearon gran flexibilidad en la vivienda.

Las zonas de día y de noche están separadas por el elemento que alberga el baño, un cubo cuyas paredes no llegan al techo y al que puede accederse desde ambos ambientes. De esta manera se conserva la sensación de amplitud y las vigas de madera del techo quedan completamente a la vista. Los espacios se configuran a partir de paneles, armarios móviles y muebles estructurales. La idea fundamental es conseguir que la luz circule por todas las estancias y que los habitantes modifiquen la vivienda según sus necesidades. Un panel rojo que se desliza gracias a una guía puede actuar como división del salón o bien separar la cocina del comedor según se elija. Las puertas del baño también son correderas, lo que contribuye a que el espacio se amplíe y cambie de formas.

Todas las piezas principales, cocina, armarios y almacenes, pueden caber en un contenedor, lo que permite transponerlas a otro espacio y amortizar así la inversión. Todo el mobiliario móvil fue diseñado por Archikubik: las mesas, los módulos de la cocina y los de almacenaje son de madera contrachapada con acabado de aluminio. En los suelos se utilizó chapa de hormigón liso para enfatizar la continuidad espacial.

Residencia Renaud

Arquitectos: **Cha & Innerhofer Architects** *Localización:* **Nueva York, Estados Unidos** *Fotógrafo:* **Dao-Lou ?**

El proceso de construcción incluyó elementos de obra prefabricados, en los que el control fue exhaustivo y la materialización del diseño, rigurosa

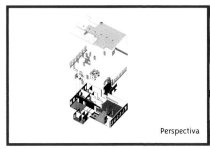

Perspectiva

Este loft de casi 372 m² es la vivienda de un joven banquero en el Soho neoyorkino. La arquitectura del proyecto permite la transformación de un apacible espacio doméstico en un bullicioso centro social, que refleja el carácter del barrio donde conviven la tranquilidad de una zona residencial y el alboroto de los comercios y las galerías.

El diseño del loft explora la tradición modernista de planos y volúmenes, opacidad y transparencia, y la interacción de distintos materiales. El proyecto adopta las cualidades de la arquitectura contemporánea y a la vez es respetuosa con la edificación existente.

La vivienda está dividida en dos mitades iguales: la primera cumple las funciones públicas y se caracteriza por el juego de planos, paredes y suelos. La otra satisface las funciones privadas y está delimitada por una partición de madera de cerezo que esconde las habitaciones. La iluminación de esta zona se efectúa mediante una ventana translúcida en el muro que deja pasar la luz pero preserva la intimidad. Además, el falso techo se ve interrumpido por tragaluces que ya existían en la edificación original.

La introducción de movimiento en los planos, como puertas correderas o pivotantes, enriqueció la relación entre las estancias y la percepción del ambiente. Asimismo, la luz fluye con menor dificultad.

Loft a cuatro niveles

Arquitecto: **Joan Bach**   *Localización:* **Barcelona, España**   *Fotógrafo:* **Jordi Miralles**

> *La particularidad del loft reside en la creación de cuatro niveles que delimitan las distintas estancias sin necesidad de levantar paredes*

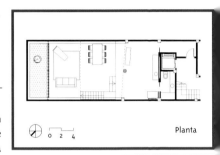

Planta

El proyecto ocupa los bajos de un edificio en Gràcia, un barrio emblemático del centro de Barcelona. Toda la construcción fue objeto de una remodelación por parte del arquitecto Joan Bach, que se apropió de las primeras plantas para proyectar una vivienda con despacho incluido.

A excepción de los baños, las estancias están comunicadas, al menos parcialmente, con el resto de la vivienda. La planta baja acoge la entrada, una pequeña recepción del despacho y un aseo. Mediante una plataforma metálica accionada mecánicamente se accede al dormitorio y al baño, ubicados encima del vestíbulo.

Desde el nivel de acceso, tres peldaños bajan a la sala de estar, que tiene doble altura, y a un patio de dimensiones reducidas pero que gracias a los muros bajos que lo limitan proporciona abundante luz natural a la vivienda. El doble espacio de la sala alberga un pequeño altillo donde se ubica el estudio, que disfruta de vistas al exterior.

La lógica que ha llevado a distribuir tan eficazmente la casa también ha regido los criterios de la decoración: los muebles (algunos de exclusivo diseño y otros muy económicos), el ajardinamiento exterior (de estilo zen) y la iluminación, que se ideó para crear ambientes relajados.

Los detalles constructivos se diseñaron cuidadosamente para ofrecer acabados perfectos y soluciones que hicieran más confortable la estancia en el loft.

Vivienda junto al Támesis

Arquitectos: **Mark Guard Architects** *Localización:* **Reino Unido** *Fotógrafos:* **Allan Mower, John Bennet**

La intención del proyecto fue crear un espacio neutro donde los objetos del propietario pudieran destacar

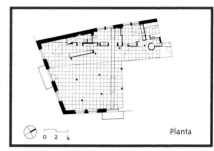

Planta

El cliente compró un contenedor de 185 m² en la quinta planta de un antiguo almacén ubicado en la orilla del Támesis. El volumen, de forma irregular, estaba conformado por un sistema de columnas circulares y vigas, una cuadrícula de ventanas y unas oscuras paredes de ladrillo visto.

Para ordenar el espacio y proporcionar un contrapunto a la irregularidad formal, el proyecto plantea una pared de 23 m de largo que separa la habitación de invitados, el cuarto de los servicios, la cocina y los baños de la gran sala de estar. Este muro alberga todas las instalaciones y se interrumpe para hacer llegar la luz a la zona de la entrada. La retícula dibujada por las juntas del pavimento de piedra refuerza la presencia del muro como geometría principal y organizadora del espacio. Desde la puerta de entrada, esta pared crea una falsa perspectiva que dirige la mirada hacia las vistas sobre el río.

El final de la pared se convierte en la cabecera de la cama del dormitorio principal, una habitación que se puede abrir o cerrar a voluntad hacia el gran salón mediante una puerta corredera de cuatro metros. El paramento de cristal que separa la ducha del dormitorio puede cambiar su opacidad mediante un sistema eléctrico y convertirse en transparente. Desde la cama puede contemplarse la Tower Bridge a través de la ventanas.

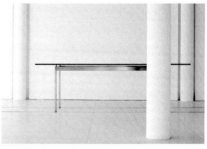

Loft en Barcelona

Arquitecta: **Helena Mateu Pomar**   *Localización:* **Barcelona, España**   *Fotógrafo:* **Jordi Miralles**

> *El loft ocupa la última planta de la construcción, un lugar privilegiado ya que tiene acceso directo y privado a la terraza de la cubierta*

El edificio donde se ubica el proyecto es una antigua fábrica de material eléctrico del barrio de Gràcia, en Barcelona.

El cliente se propuso rehabilitar el piso y convertirlo en vivienda y despacho. En el planteamiento de la reforma resultaba esencial mantener el espacio diáfano, abierto, que originalmente había cautivado a su propietario. Igualmente era importante que las estancias más privadas y las de servicio pudieran cerrarse de forma independiente aunque conservando siempre la continuidad. Se proyectaron unas cajas exentas que contienen el programa de servicios —baños, cocina y armarios—, y a cuyo alrededor se generan las diferentes estancias: la sala de estar, el despacho y las habitaciones. De esta manera, la luz natural invade los espacios principales de la vivienda y se filtra hasta la zona más interior.

Se han dispuesto unas grandes puertas correderas situadas en los volúmenes que permiten el control de la privacidad a voluntad del cliente, y que a un mismo tiempo conforman la superficie del loft como un espacio amplio y continuo.

Una escalera metálica conduce al nivel superior, donde hay una pequeña habitación destinada a office que tiene acceso a la terraza ajardinada que corona el edificio.

Se han conservado los muros de ladrillo, la estructura metálica original y el techo abovedado.

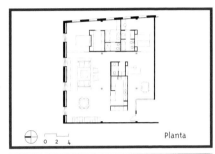

0 2 4   Planta

Estudio de un fotógrafo

Arquitectos: **Blockarchitecture**   *Localización:* **Londres, Reino Unido**   *Fotógrafo:* **Chris Tubbs**

*La motivación que dirige
el trabajo de estos arquitectos
es generar espacios inspiradores
y creativos*

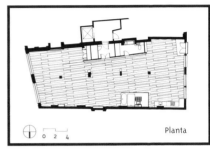

Planta

En el diseño de este loft londinense se puede apreciar el interés de Blockarchitecture por redirigir la experiencia, el espacio y los materiales; todos ellos inmersos en una reconfiguración constante dentro del actual contexto cultural del "cortar y pegar".

La propuesta consistió en mantener lo más entera y abierta posible la estructura de hormigón que define y contiene todo el espacio. La medida y la forma de este caparazón se enfatizan por la rotundidad de la tarima de madera, el despiece de la cual se dispone según la dirección que domina el apartamento: hacia los balcones de la fachada este del edificio.

Un muro de nueve metros de longitud construido con paneles reciclados de acero domina y organiza el entorno de la vivienda. Este paramento acota el vestíbulo, un pequeño almacén, el aseo y una habitación oscura para revelar fotografías. Cuando sus puertas están cerradas, el apartamento parece quedar aislado, sin aberturas de acceso o salida que lo comuniquen con el exterior.

Las funciones domésticas restantes, la cocina y el baño, están ubicadas junto al muro opuesto.

La vivienda goza de un espacio que puede utilizarse para múltiples actividades.

Residencia en Toronto

Arquitectos: **Cecconi Simone Inc.** *Localización:* **Toronto, Canadá** *Fotógrafo:* **Joy von Tiedemann**

La vivienda se proyectó a partir de armarios de una vieja fábrica, unas puertas de frigorífico y una cafetería

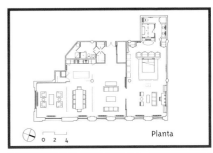

Planta

Esta vivienda está ubicada en un antiguo barrio industrial de Toronto. El proyecto es una de las múltiples rehabilitaciones de almacenes y fábricas que se están llevando a cabo junto a las reformas urbanas.

El objetivo de las diseñadoras era crear un espacio donde la estructura original y los elementos de la intervención se complementaran. El loft estaba originalmente dividido en dos locales, que se fusionaron en un espacio cohesivo. Se mantuvo el sistema portante antiguo y se restauraron los suelos y las columnas para recuperar la textura y el color originales, dando al espacio un aire rústico.

Para combinar con estas piezas, Cecconi Simone Inc diseñaron un mostrador para la cocina, una cama con iluminación incorporada y un mueble de oficina para el despacho.

Gracias a sus amplias dimensiones, las ventanas ofrecen una ventilación excepcional y unas asombrosas vistas de la ciudad.

El espacio doméstico fue concebido para ser totalmente flexible: las cortinas suspendidas de barras pueden moverse y cambiar la configuración del piso. Este concepto se ve enfatizado en otras partes de la residencia, como la cama, que gracias a sus ruedas puede desplazarse a distintos puntos.

Loft en Wall Street

Arquitectos: **Chroma AD** *Localización:* **Nueva York, Estados Unidos** *Fotógrafo:* **David M. Joseph**

La inmobiliaria Time Equities encargó la conversión de un edificio de oficinas en 13 lofts para vivir y trabajar

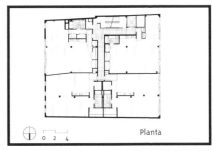

Planta

Desde un principio se intentó reflejar el espíritu del barrio en el interior de los lofts. Wall Street es el área de negocios del bajo Manhattan y se caracteriza por edificios altos y calles estrechas; a menudo, la única luz del sol que llega a un edificio es la reflejada por la fachada de otro.

Hay lofts de distintas dimensiones y formas, pero todos se diseñaron siguiendo los mismos preceptos: enormes ventanales y techos altos que enfatizan toda la luz natural que pueda entrar; y un suelo de resina epoxy altamente reflectante. Además, los núcleos de las instalaciones (cocina y baños) se colocaron respetando el sistema estructural de vigas y columnas. Los vestidores, equipados con instalaciones industriales, ofrecen privacidad y un amplio espacio de almacenaje. Los baños albergan unos enormes mostradores de granito y están acabados con azulejos de porcelana de importación.

Al ser espacios que también se utilizan como lugar de trabajo, las viviendas se habilitaron con las últimas tecnologías (varias líneas de teléfono y cables de alta velocidad) y múltiples comodidades, como ventiladores y calefacción.

Ático en el Born

Arquitecto: **Pere Cortacans**   *Localización:* **Barcelona, España**   *Fotógrafo:* **David Cardelús**

Esta vivienda constituye un claro ejemplo de la reestructuración que se ha llevado a cabo en este barrio barcelonés

0 2 4   Planta

El edificio se encuentra en el barrio del Born, de calles estrechas, irregulares y húmedas. Un bloque de principios de siglo con forma de L rodeaba un viejo taller de planchas metálicas rotuladas.

La intervención dirigida por Pere Cortacans supuso la reforma total del edificio, incluida la reconversión del taller en un jardín central. Además, Cortacans se reservó uno de los espacios de la planta superior para sí mismo.

La vivienda tiene tres niveles: el original, un altillo que resulta de desmantelar la parte inferior de la cámara de aire ventilada (antiguo sistema de control climático) y, finalmente, un estudio acristalado que ocupa la cubierta del edificio y que proporciona acceso a la terraza que se ha habilitado en ella.

Se trata de una vivienda que funciona en vertical. Cada nivel está asociado a un conjunto de actividades con un grado de privacidad e intensidad diferentes.

Ático en Londres

Arquitectos: **McDowell + Benedetti Architects** *Localización:* **Londres, Reino Unido** *Fotógrafo:* **Tim Soar**

Oliver's Wharf, un almacén de té datado en 1870, fue uno de los primeros locales portuarios reconvertidos en vivienda

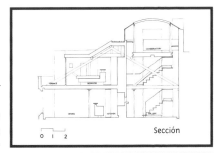

Sección

0 1 2

El ático de los dos pisos superiores, con unas vistas extraordinarias sobre Londres, fue ocupado originalmente por el propio arquitecto que remodeló el edificio; pero cuando lo adquirió el propietario actual llevaba varios años abandonado.

Se trataba de un doble espacio de 250 m² con pilares de hierro colado que soportaban unas enormes celosías de roble y una cubierta compleja. Además de reparar muchos elementos de la construcción existente, la intervención de McDowell y Benedetti supuso la transformación total del espacio, gracias a la instalación de niveles intermedios y la ampliación de dos terrazas en la cubierta.

La distribución del loft gira en torno a la cocina en el nivel principal, alrededor de la cual se desarrolla una secuencia de espacios: recibidor, escalera, galería, chimenea y sala de estar con vistas. Una pequeña habitación junto a la entrada, que dispone de una cama plegable y un aseo, se utiliza ocasionalmente como dormitorio de invitados.

En el nivel superior se han construido dos altillos: uno de ellos está ocupado por el dormitorio y el baño principales; el otro, por un pequeño estudio con una enorme ventana pivotante con vistas al Támesis.

Lofts en Gràcia

Arquitecto: Joan Bach *Localización:* Barcelona, España *Fotógrafo:* Jordi Miralles

> *Aunque ubicados en el mismo edificio, la remodelación de estos dos lofts muestra dos visiones muy diferentes de vivienda*

Planta

En el primero, la mayoría de los elementos estructurales se ha dejado sin revestir (las bovedillas del techo, el muro de fachada, las vigas de celosía) y para el pavimento se ha escogido un material sencillo: el hormigón pulido. Su aspecto es voluntariamente industrial y, en cierto modo, duro. El apartamento se compone de dos áreas distribuidas en una sola planta: una franja que alberga los dormitorios y los baños, y una gran sala cuadrada, una de cuyas esquinas se cierra para independizar la cocina.

En el segundo se ha optado por pintar los muros de un tono amarillo. El pavimento es de parqué, la iluminación artificial está diseñada para propagar una luz cálida y los muebles son nuevos y funcionales. En este caso, el loft está formado por una gran sala de estar a doble altura, que incluye una cocina abierta y una zona lateral dividida en tres niveles.

En planta baja se ubican el comedor y un aseo; el altillo está ocupado por el dormitorio principal y dos habitaciones auxiliares: el vestidor y el baño.

Finalmente, existe un tercer nivel, destinado a los niños, con dos dormitorios, un baño y una sala de juego y de estudio compartida.

Loft Tous

Arquitecto: **Josep Maria Esquius i Prat**   *Localización:* **Igualada, España**   *Fotógrafo:* **Eugeni Pons**

Entre el mobiliario se cuentan piezas de diseñadores reconocidos, como el sofá de Starck o el lavabo de Jacob Lafont

Planta

El proyecto ocupa las plantas superiores de un edificio de oficinas y talleres propiedad de una importante firma dedicada a la joyería. Se concibió como un espacio mixto donde los dueños de la empresa pudieran atender a clientes, reunirse con sus colaboradores y, a la vez, descansar, comer o dormir. El programa funcional del diseño debía ser capaz de adaptarse, en poco tiempo y con apenas cambios en la disposición, a necesidades fluctuantes.

La construcción irradiaba un intenso espíritu industrial que decidió conservarse. Con este fin se mantuvo la altura de los techos a dos aguas, la estructura metálica y la ausencia de particiones verticales. Otros gestos, como la abertura de grandes ventanales o el revestimiento de las superficies con madera, ayudaron a conformar el ambiente cálido propio de una vivienda.

La entrada se efectúa por una puerta acristalada que se abre desde el vestíbulo a una sala polivalente, donde se encuentran una mesa para reuniones y, separada por un mueble, la sala de estar. Al fondo de la planta se construyó un altillo, al que se accede por una escalera metálica, que alberga un dormitorio y un baño. Debajo se ubicaron la cocina, el comedor y otro baño, que se relacionan mediante puertas correderas.

Loft en París

Arquitecto: **Gil Percal** *Localización:* **París, Francia** *Fotógrafo:* **Gilles Gustine/OMNIA**

El arquitecto Gil Percal creó un acceso que comunica ambas plantas, solución con la que ganó espacio para una habitación

Planta

Originalmente, este espacio constituía dos plantas independientes (la quinta y la sexta) de un edificio situado en el distrito 3 de París. La reforma quería aprovechar la luz natural de las ventanas y sus vistas a diversos monumentos parisienses. En la quinta planta se ubicó un estudio y se accede a la sexta planta por la escalera, que alberga en el centro un tótem azul. Este elemento, además de un referente visual, es el soporte del forjado de la planta superior y disimula una columna metálica en el lado izquierdo. La textura del aluminio de los escalones, así como el juego geométrico entre el elemento portante y el espacio de la escalera, origina una ilusión de reversibilidad que recuerda ciertos dibujos de Escher.

En la sexta planta se disponen, en un único ambiente, el dormitorio, la cocina y el baño. El volumen de la sala de estar y del comedor se estructura mediante el armazón de madera de la cubierta, que está dispuesto asimétricamente y conserva su estado original. La cocina está montada sobre una tarima y se separa del volumen principal por una pared-mueble. Este mueble, por el lado que da a la sala de estar, se utiliza como una gran biblioteca. Además, el piso superior se beneficia de la luz natural de las ventanas periféricas y de los tragaluces.

Loft Frank + Amy

Arquitectos: **Resolution 4 Architecture**   *Localización:* **Nueva York, Estados Unidos**   *Fotógrafos:* **Eduard Hue**

Se ha jugado con la combinación de distintas maderas y contrachapados capaces de crear un ambiente de armonía y acogimiento

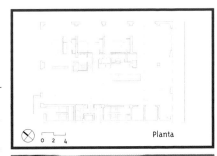

Planta

Situado en un edificio de origen industrial, la estructura de este loft ocupa una planta completa con amplias ventanas, fundamentales en la división del espacio, a través de las cuales se divisan las dinámicas vistas urbanas de este lado de la ciudad.

El diseño de la estancia aumenta este contexto industrial mediante un uso conceptual de la construcción, convirtiéndola en una única intervención escultural en el interior del espacio ya existente. La operación se traduce en un cubo compacto y complejo que contiene la cocina, el comedor, el baño y otras áreas secundarias junto a la creación de una nueva pared mediante un bloque que funciona también como cabecera de la cama y que resguarda la zona más íntima, situada ésta en un espacio más reducido donde las ventanas configuran, a su vez, otra pared.

El citado cubo define la división entre los ambientes público y privado, y se convierte en el eje estructural de la estancia; en función de él se despliegan, por un lado, el salón, el comedor —como una extensión de la cocina— y el recibidor. Los espacios privados permanecen ocultos a la vista, salvaguardando su función originaria.

Loft Taffer

Arquitectos: **Audrey Matlock Architects** *Localización:* **Nueva York, EE.UU.** *Fotógrafos:* **Catherine Tigh**

Para minimizar el espacio se instalaron los aparatos de aire acondicionado en el falso techo, encima de los baños

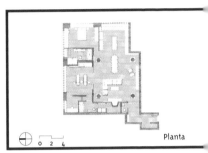

Planta

Este loft está ubicado en una antigua fábrica a orillas del río Hudson, al lado del túnel Holland. Al no requerirse demasiada intimidad, se pensó en una casa de espacios diáfanos y, aunque en algunas ocasiones están compartimentados, siempre mantienen una cierta relación entre sí. Esta dualidad se consiguió ideando particiones móviles, desmontables y parcialmente translúcidas. Algunas son de madera con la parte superior de cristal, otras no llegan al techo y están conformadas por paneles de contrachapado o vidrio tratado al ácido colocados en un marco metálico de acero con ruedas que se deslizan por raíles en el techo o el suelo.

Los clientes también solicitaron que el diseño de la cocina adquiriera protagonismo: está ubicada en una de las esquinas privilegiadas de la planta, ya que se beneficia de unos enormes ventanales que proporcionan mucha luz y vistas magníficas del entorno. Por otra parte, incluye una zona de trabajo, una mesa para comidas informales y además se abre al comedor y a la sala de estar.

La estructura de hormigón se ha conservado y queda vista en los techos y las columnas. Como contrapunto estético, algunas de las paredes se han pintado de blanco y otras se han recubierto con madera de abedul.